EL CORAZÓN TRANSFIGURADO

THE TRANSFIGURED HEART

Dolores Castro

Introducción/Introduction
Alessandra Luiselli

Traducción/Translation
Francisco Macías Valdés

Colección: Clásicas de la Poesía Mexicana

©Dolores Castro Varela
©de la introducción: Alessandra Luiselli
©de la traducción: Francisco Macías Valdés
©de esta edición: Libros Medio Siglo

Primera edición bilingüe: Marzo del 2013

ISBN 10: 0-9711496-9-0
ISBN 13: 978-0-9711496-9-4

Todos los derechos reservados. Publicado por **Libros Medio Siglo**. Se prohíbe la reproducción o transmisión de cualquiera de las partes de este libro por cualquier medio o procedimiento, comprendidos electrónico y mecánico o cualquier sistema de almacenamiento y recuperación de información, sin permiso por escrito de la editorial, excepto donde esté permitido bajo la ley.

Dirección Editorial: Elvia Ardalani
Edición de Traducción: Victoria Contreras
Diseño de portada: Ismael Aguilar
     agruismael@hotmail.com

Libros Medio Siglo and Ocelote-Books Publishing Group are imprints of
García&García Libreros/Editores

librosmediosiglo@gmail.com
mediosigloeditorial@gmail.com

IMPRESO EN ESTADOS UNIDOS
PRINTED IN THE UNITED STATES

ÍNDICE/INDEX

PREÁMBULO..7

PREAMBLE..9

INTRODUCCIÓN... 11

INTRODUCTION..…....27

EL CORAZÓN TRANSFIGURADO...........................45

THE TRANSFIGURED HEART..............................45

NOTA DEL TRADUCTOR......................................61

TRANSLATOR'S NOTE...63

COLABORADORES...65

COLLABORATORS.. …....65

PREÁMBULO

Cuando escribí este poema tenía una gran necesidad de expresión que se tradujo en una especie de borbotones emotivos. Había experimentado amor y desamor, como toda joven, pero además una enfermedad más o menos grave: fiebre tifoidea durante casi más de un mes. Cuando convalecí experimenté un gran deseo de vivir con mayor intensidad. Otro motivo de cambio, posterior, fue cuando egresé de mi amada facultad de Filosofía y Letras y sentí un vacío tremendo. Los directores de la *Revista Antológica América*, de la Secretaría de Educación Pública, Efrén Hernández y Marco Antonio Millán, me pidieron una colaboración para su revista: un poema extenso que pudiera publicarse como separata. Quise en este poema expresar los orígenes, el dolor y su transfiguración y se me atropellaban las imágenes queriendo brotar todas al mismo tiempo. Quizá en ese poema está cuanto he querido decir en toda mi obra posterior. Como el oleaje, las impresiones del mundo en nuestra sensibilidad son cambiantes, fui desde esa multitud de emociones hacia la claridad en la expresión, la fluidez de las imágenes en los poemas. No es igual el universo emotivo de los veinte años a los treinta, y menos aún de los treinta a los ochenta y nueve. Ahora que releo *El corazón transfigurado* siento que la atmósfera aquella y el tono expresaron aun a borbotones mi modo de intuir el origen, el tránsito en el mundo, el dolor y el amor.

Recuerdo también a Francisco Moreno Capdevila, pintor y grabador que formaba parte ilustre de la revista *América*. Yo estaba aún en la Facultad de Derecho y la revista tenía sus oficinas en la Secretaría de Educación Pública, a una distancia mínima de la Facultad, que entonces residía en la calle de San Ildefonso. Casi a diario visitaba a Efrén y a Marco, sus directores que pronto fueron también mis amigos. Así pude ver las pruebas, la introducción que escribió Efrén Hernández, y los grabados de *El corazón transfigurado*.

Mi vida tuvo cambios muy importantes: viajes, matrimonio, hijos, trabajo; la verdad más íntima queda en los poemas que pierden la posesión del autor en cuanto se publican. Pertenecen ya a los lectores. Sólo añadiré que si el destino de los poemas es cambiar de dueño, la poesía en cambio puede pertenecer al autor como su interés principal, su guía y la luz de mayor intensidad en la vida.

Dolores Castro Varela

PREAMBLE

When I wrote this poem, I had a great need for an outpouring that came to be some sort of emotional spring. I had experienced being in and out of love, like every young woman; but in addition, I had suffered a more-or-less grave illness, typhoid fever, for more than a month. When I recovered, I experienced a strong desire to live with utmost intensity. Another reason for change, afterwards, came subsequent to graduating from my beloved Faculty of Philosophy and Letters; I felt a tremendous void. The directors of *América: Revista Antológica* [America: Anthological Journal], at the Secretariat of Public Education—Efrén Hernández and Marco Antonio Millán—, had asked me for a contribution for their journal: a long poem that could be published as a special edition. In this poem, I wanted to express the genesis, pain and its transfiguration; and I was overrun by the images that sought to jet out all at once. Perhaps within this poem dwells all that I longed to say in the whole of my subsequent work. Just as the surf—where the impressions of the world upon our sensitivities are ever-changing—, I set out from that multitude of emotions toward clarity in expression, the fluidity of the images in the poems. It is not the same emotional universe from age 20 to one's 30s, and even less so from one's 30s to age 89. Now as I reread *The Transfigured Heart*, I feel as if that atmosphere and the tone even in spurts had captured my perception of the genesis, one's passage through the world, pain, and love.

I also remember the painter and engraver, Francisco Moreno Capdevila, who formed a memorable part of the *América* journal. I was still in the Faculty of Law; and the journal had its facilities at the Secretariat of Public Education, at a short distance from the Faculty, that then resided on *San*

Idelfonso Street. Almost daily, I would visit Efrén and Marco, the journal's directors, who quickly became my friends too. In this manner, I saw [1] the proofs, the introduction written by Efrén Hernández, and the engravings of *The Transfigured Heart*.

My life had undergone significant changes—travel, marriage, children, work; the most intimate truth remains in the poems that are gone from the possession of the author the moment they are published. They belong to the readers. I will only add that if it is the destiny of poems to change in ownership, then poetry in turn can belong to the author as her main interest, her guide, and as the source of the greatest intensity in life.

Dolores Castro Varela

---

[1] The references herein made are to the first edition of this work, and the basis of this translation:
Castro, Dolores. *El corazón transfigurado*. Intro. Efrén Hernández. Illus. Francisco Capdevila. Eds. Efrén Hernández and Marco Antonio Millán. México: Departamento de Divulgación de la Secretaría de Educación Pública, 1949.

INTRODUCCIÓN

El corazón transfigurado de Dolores Castro: toda la eternidad aposentada.

Antecesoras y precursoras de Dolores Castro

La poeta mexicana Dolores Castro publicó su primer poema, *El corazón transfigurado*, en la cuarta década del siglo veinte, época de suprema importancia dentro del contexto de la literatura escrita por mujeres. El dato que confirma lo sobresaliente que resultaron los años cuarenta para la consolidación de la escritura femenina surge de manera indisputable cuando se precisa que fue en 1945 cuando a Gabriela Mistral le otorgaron el Premio Nobel de Literatura. El prestigioso reconocimiento a su obra poética no pudo haber sido más significativo para las letras latinoamericanas, en general y para las mujeres escritoras, en particular, pues Mistral se convirtió, y sigue siéndolo aún en nuestros días, en la única mujer hispana en haber obtenido el preciado galardón.[1] Conviene recordar que al arribar el año de 1945 sólo cuatro autoras habían recibido, antes que la poeta chilena, el Premio Nobel de Literatura; ninguna de ellas, sin embargo, escribía en

---

[1] La autora de *El corazón transfigurado*, acompañada de su gran amiga y compañera de generación Rosario Castellanos, conoció a Gabriela Mistral en Veracruz, estado mexicano ubicado en el Golfo, donde residió la escritora chilena durante su segunda estancia en México, misma que trascurrió de 1948 a 1949. Castellanos narró ese encuentro en su relato "Álbum de familia" (1971), en el cual Mistral aparece ficcionalizada bajo el personaje de Matilde Casanova. Este encuentro también es narrado en la novela póstuma de Rosario Castellanos, *Rito de iniciación* (1996). El safismo de Gabriela Mistral, mujer de rotunda corpulencia y gran altura, no empezó a ser explícitamente discutida por los académicos sino hasta finales del siglo veinte; consúltese el estudio de Licia Fiol-Matta *A Queer Mother for the Nation: The State and Gabriela Mistral* (University of Minnesota Press, 2001).

español.² Con anterioridad a Mistral la magna distinción, misma que empezó a ser otorgada a partir de 1901, únicamente había sido concedido a otros dos escritores cuya lengua era también el castellano, ambos eran dramaturgos: José Echegaray lo recibió en 1904 y Jacinto Benavente en 1922.

Dado el contexto arriba descrito, se comprende entonces el consagratorio reconocimiento mundial implícito en el hecho que Mistral hubiese sido elegida para recibir el Premio Nobel en 1945. Se trataba de la primera vez que un escritor de América Latina, hombre o mujer, recibía el consagratorio lauro.³

Así, en esa memorable década de los cuarenta, y justo cuatro años después de haber sido honrada Gabriela Mistral con el Premio Nobel de Literatura, Dolores Castro publicó su primer poema en una plaqueta editada por la *Revista América*. Al salir a la luz este inicial texto de la poeta mexicana, la poesía escrita por mujeres había superado ya, gracias a Mistral, la prueba de fuego de la consagración canónica, evento difícil de lograr al estar conformado el canon literario hispanoamericano por una abrumadora mayoría de escritores de género masculino. Debe sumarse al registro de la legitimización obtenida por Mistral a favor de las mujeres poetas, época en la cual se inscribe el surgimiento de *El corazón transfigurado*, el hecho de que el poema aquí estudiado se publicó en 1949, gozando por ello de otra luminosa coincidencia temporal. Los versos de Dolores Castro surgieron exactamente en el mismo año en el cual se publicó el estudio más determinante y crucial para la comprensión de la condición femenina, pues 1949 fue

---

² Selma Lagerloff, de Suecia, lo recibió en 1909; Grazzia Deledda, italiana, en 1926ñ; Sigrid Undset, de Noruega, en 1928; y Pearl S. Buck, estadounidense, en 1938.

³ Después de Mistral, el Premio Nobel de Literatura fue otorgado en 1971 al chileno Pablo Neruda; posteriormente el colombiano Gabriel García Márquez lo recibió en 1982; el mexicano Octavio Paz, en 1990; y el peruano, nacionalizado español, Mario Vargas Llosa lo obtuvo en 2010. Ninguna mujer hispana ha vuelto a recibir la distinción.

también la fecha en la cual Simone de Beauvoir publicó en Francia su ensayo de proporciones míticas, *El segundo sexo*.⁴

Ambas imprescindibles referencias, Mistral y Beauvoir, contextualizan así, proveyendo coordenadas temporales de suma importancia, la primera publicación de la poeta mexicana nacida en Aguascalientes, Dolores Castro.⁵ Las escritoras que, sin embargo, han sido consideradas las figuras precursoras de sus textos poéticos no fueron, a pesar de su notoriedad e importancia, ni la premiada poeta chilena ni tampoco la pensadora francesa, sino tres mujeres de nacionalidad mexicana: Guadalupe Amor, Margarita Michelena y Margarita Paz Paredes.⁶

En efecto, hacia 1949 la turbulenta y siempre interesante Pita Amor ("la undécima musa", tía de Elena Poniatowska) ya había publicado varios libros, entre ellos el

---

⁴ Puede argüirse, sin duda alguna, que fue Simone de Beauvoir (1908-1986) la pensadora que más influenció la vida y obra de Rosario Castellanos, véase Alessandra Luiselli, *Letras mexicanas. Ensayos sobre escritores mexicanos de la segunda mitad del siglo veinte* (UNAM, 2006). *Le Deuxième Sexe* se publicó en París, bajo el sello de la editorial Gallimard.

⁵ Dolores Castro nació en abril de 1923. Vivió sus primeros años en el estado de Zacatecas y cursó estudios universitarios tanto en la Facultad de Derecho como en la Facultad de Filosofía y Letras de la UNAM, en la ciudad de México. Junto con Rosario Castellanos, condiscípula y amiga suya desde la adolescencia, tomó cursos de estilística en la Universidad Complutense de Madrid. Dolores Castro fue una de los miembros fundadores de Radio UNAM y fue maestra fundadora de la ENEP Acatlán; también dictó cátedra en la SOGEM y en el INBA, así como en la Universidad Iberoamericana y en la escuela mexicana de periodismo Carlos Septién García, instituciones de enseñanza superior donde contribuyó a forjar numerosas generaciones de alumnos. Así mismo, Dolores Castro trabajó en la revista *Poesía de América* como jefa de redacción, cargo que le permitió relacionarse con poetas de la talla de José Lezama Lima y Fina García Marruz, entre muchos otros. En 1980 fue ganadora del Premio Nacional de Poesía Mazatlán, y en 1988 recibió un homenaje nacional como Maestra de la Juventud. Fue conductora, junto con Alejandro Avilés, de un programa televisivo del cultural Canal 11, en México, titulado "Poetas de México". Viuda de Javier Peñalosa, Dolores Castro es madre de siete hijos.

⁶ Véase la semblanza sobre Dolores Castro en el sitio *excéntricaonline. com*.

esencial volumen *Yo soy mi casa* (1947).[7] De igual modo, Margarita Michelena,[8] poeta muy admirada por Octavio Paz y legitimada por él mismo al incluirla en la antología *Poesía en movimiento*,[9] también había dado ya a la imprenta, antes de la publicación del primer texto poético de Dolores Castro, los poemarios *Paraíso y nostalgia* (1945) y *Laurel del ángel* (1948). Por su parte, Margarita Paz Paredes --casada con el escritor Ermilo Abreu Gómez (1894-1971), cuya pasión por Sor Juana lo llevó a convertirse, en las primeras décadas del siglo veinte, en uno de sus principales y más destacados re-descubridores--,[10]

---

[7] Otros libros ya publicados por Guadalupe Amor (1918-2000) al tiempo de publicar Dolores Castro su primer poema son: *Puerta obstinada* (1947), *Círculo de angustia* (1948), *Poesía* (1948) y *Polvo* (1949). Pita Amor, luego de una vida en la cual conjugó escándalos y poesía, murió a la edad de ochenta y un años. En una entrevista concedida a Cristina Pacheco, publicada en 1981 en el libro *Al pie de la letra*, editado por el Fondo de Cultura Económica, Pita Amor afirmó: "No conozco la calma, no conozco la paz, no conozco el sosiego. Nací y he vivido incendiada, incinerada y endemoniada" (233).

[8] Margarita Michelena (1917-1998), hija de padres españoles nacida en México, fue articulista del influyente periódico *Excélsior* y también fungió como directora del suplemento cultural *La cultura en México*, consiguiendo así desempeñar un papel realmente destacado en los medios culturales del país. Murió en 1998, injustamente olvidada como poeta.

[9] En la célebre antología *Poesía en movimiento*, compilada en 1966 por cuatro sobresalientes poetas mexicanos: Octavio Paz, Alí Chumacero, José Emilio Pacheco y Homero Aridjis, sólo cuatro mujeres (de 42 autores seleccionados en total) fueron incluidas en ella: Rosario Castellanos, Isabel Freire, Margarita Michelena y Thelma Nava; ésta última (n. 1932) periodista muy destacada, además de poeta, mientras que Isabel Freire (n. 1934), ganadora del Premio Xavier Villaurrutia en 1978, aún no había publicado poemario alguno al salir a la luz pública la polémica antología. Los criterios de selección (o de omisión de autores) fueron establecidos en el prólogo de *Poesía en movimiento*, en el cual Octavio Paz inscribió su famoso oxímoron teórico en torno a la poesía mexicana: "La tradición moderna es la tradición de la ruptura" (5). Tanto Freire como Nava son autoras aún vivas hoy en día (2012), al igual que Dolores Castro, quien, sin embargo no fue incluida en la citada compilación cuyo declarado objetivo fue el de establecer "una antología *parcial*" que de alguna manera representase la alterada continuidad de la tradición poética (8, cursivas del propio Octavio Paz).

[10] El autor de *Canek* (libro publicado en 1934) se preocupó por rescatar la obra de Sor Juana en una época en la cual no existía edición alguna de sus obras completas. Sus investigaciones y publicaciones en torno a la décima musa, ocurridas en las primeras décadas del siglo veinte, fueron

también había dado ya a la prensa varios libros de poesía; la autora era muy conocida, además, por los recitales poéticos que daba en México.[11]

Fue así como el brillante pentagrama de escritoras precursoras, arriba descrito, enmarcó en el tiempo la primera publicación de Dolores Castro, una publicación que como bien anotaba Antonio Castro Leal en su antología *La poesía mexicana moderna* (Fondo de Cultura Económica, 1953) "vive de la iluminaciones del espíritu" (xxx).

La generación poética de Dolores Castro

Alfonso Méndez Plancarte, erudito sacerdote responsable en 1951 de la edición definitiva de los tres primeros tomos de las *Obras Completas de Sor Juana Inés de la Cruz*, inscribió para la posteridad la generación poética correspondiente a Dolores Castro. En 1955 publicó un libro titulado *Ocho poetas mexicanos*; se trataba de la última antología de poesía que daría a la prensa Alfonso Méndez Plancarte, devoto y culto estudioso de la literatura mexicana.[12] Esta compilación de poetas por él reunida antologaba a las poetas Rosario Castellanos y Dolores Castro y a los escritores (citados a continuación en orden alfabético) Alejandro Avilés, Roberto Cabral del Hoyo, Efrén Hernández, Honorato Ignacio Margaloni, Octavio Novaro y Javier Peñalosa; este último,

---

determinantes para la publicación en 1951 del primer volumen de las *Obras Completas de Sor Juana Inés de la Cruz*, editadas por el padre Alfonso Méndez Plancarte. Abreu Gómez (1894-1971) fue nombrado miembro de la Academia Mexicana de la Lengua en 1963.

[11] Margarita Paz Paredes, nacida en Guanajuato un año antes que Dolores Castro, hacia 1949 había publicado ya *Voz de la tierra* (1946), *El anhelo plural* (1948), *Retorno* (1948), *Génesis transido* (1949) y *Elegía a Gabriel Ramos Millán* (1949). Fue maestra en la Escuela Normal Superior de México. Murió en 1980, ya viuda, a la edad de cincuenta y ocho años.

[12] En 1942 y 1945 la UNAM publicó los dos tomos de la clásica antología reunida por Alfonso Méndez Plancarte, *Poetas Novohispanos* (1621-1721).

esposo de Dolores Castro.¹³ El grupo de autores integrantes de esta antología fue considerado una misma generación, la cual fue bautizada con el sobrenombre de "los ocho de *Ábside*".

El sobrenombre dado a los ocho poetas recopilados por Méndez Plancarte provenía por el hecho de ser todos ellos colaboradores *Ábside*. *Revista de Cultura mexicana,* fundada en 1937 por el hermano de Méndez Plancarte, Gabriel, erudito sacerdote también él.¹⁴ Los hermanos Méndez Placarte defendían, en opinión de la socióloga mexicana Beatriz Urías Horcasitas, un conservadurismo hispanófilo de alineación militantemente católica a través de su revista (609).¹⁵ El lema de la generación poética de "los ocho de *Ábside*", ideado por Dolores Castro, señalaba: "Cada uno su lengua, todos en una llama".¹⁶ Las importantes contribuciones literarias de *Ábside*,

---

¹³ Javier Peñalosa Calderón (1921-1977) fue periodista, maestro, traductor, cuentista y poeta. En el 2009 se reeditó su poesía en un volumen póstumo titulado *Paso de la memoria*.

¹⁴ Ambos hermanos, nacidos en Zamora, Michoacán, asistieron al Pontificio Colegio Pío Latino, establecido en Roma, Italia. Gabriel (1905-1949) ingresó posteriormente a la Pontificia Universidad Gregoriana, donde se doctoró en teología y derecho canónico. Después de ordenarse sacerdote en 1927, Gabriel estudió sociología en la Universidad Católica de Lovaina, en Bélgica. Por su parte, Alfonso (1909-1955) se doctoró en la Universidad Pontificia de México, ordenándose sacerdote en 1932; fue nombrado miembro de la Academia Mexicana de la Lengua en 1954.

¹⁵ Véase su apartado "Tendencias de la hispanofilia mexicana en los años cuarenta", parte del extenso artículo "Un pasión antirrevolucionaria: el conservadurismo hispanófilo mexicano (1920-1960)" publicado en la *Revista Mexicana de Sociología*, 72:4 (2010): 599-628. Importante para comprender la ideología defendida por la revista *Ábside* resulta también el artículo de Jesús Iván Mora Muro "El catolicismo frente a la modernidad. Gabriel Méndez Plancarte y la revista *Ábside*" publicado en la revista *Relaciones*, 126: XXXII (2011): 138-170.

¹⁶ Cabe destacar que en la revista *Ábside*, la cual circuló de 1937 a 1979, Gabriela Mistral publicó un poema todavía inédito titulado "Paraíso". De igual modo, al morir tempranamente Gabriel Méndez Placarte en 1949, la ya entonces Premio Nobel de Literatura le escribió una honra fúnebre titulada "El amigo", la cual comenzaba diciendo: "Ha desaparecido del taller de México, uno de sus más mayores obreros, tal vez el más atareado de ellos". En la introducción que Palma Guillén escribiera para la antología poética de

revista que se mantuvo en circulación durante cuatro décadas (de 1937 a 1979), no pueden descalificarse simplemente debido al sello católico que poseía. La orientación religiosa que esta publicación sostuvo a largo de los años la confirma, entre otros datos,[17] un texto de Guillermo Díaz Plaja escrito en 1975 con motivo del fallecimiento de Alfonso Junco, tercer director de la revista.[18] En su fúnebre homenaje Díaz Plaja, en ese entonces miembro de la Real Academia de la Lengua Española, señalaba con claridad la tendencia religiosa de la revista: "...*Ábside*, que defiende con tan serena elegancia su fidelidad católica. Algunos, como el gran Alfonso Méndez Plancarte, ya no están entre nosotros. Pero hay nuevos soldados en la brecha" (texto reproducido por José Ramón Ramírez Mercado).[19]

Gabriela Mistral publicada en 1973 por la Editorial Porrúa, en su clásica serie de divulgación "Sepan Cuantos...", señalaba que a Veracruz viajaban cada semana escritores, políticos e intelectuales a visitar a Mistral: "...los hermanos Méndez Plancarte y **todas las jóvenes colaboradoras de *Ábside*: Margarita Michelena, Rosario Castellanos, Lola Castro**. Iban también Alfonso Reyes y Manuela; los Cossío-Villegas, el doctor Ignacio Chávez y Celia, su esposa; el general Cárdenas; Diego Rivera, Alfonso Junco..." (xivii, énfasis mío mío).

[17] El título mismo de la revista alude al concepto arquitectónico que indica la parte abovedada de un templo; en el ábside se instala el altar. Un comentario efectuado por el propio Alfonso Méndez Plancarte respecto a las reuniones por él sostenidas con los colaboradores de la revista resulta importante para sopesar la abierta inclinación católica de la revista: "Aquí la blasfemia alcanza gran envergadura" (58). El anterior comentario fue registrado por Enriqueta Calderón Galván en su semblanza de Dolores Castro, ver *Escritoras mexicanas vistas por escritoras mexicanas* (Universidad de Nebraska, 1977).

[18] Los primeros directores de *Ábside* fueron los hermanos Gabriel y Alfonso Méndez Plancarte, en orden sucesivo. Alfonso Junco (1896-1974), nacido en Monterrey, Nuevo León, fue un prolífico autor tanto de prosa como de poesía. Muchos de sus poemas contienen una temática religiosa, ejemplo de ellos son los poemarios *El alma estrella* (1920), *Posesión* (1923) y *La divina aventura* (1938). Es autor también de los ensayos *Inquisición sobre la Inquisición* (1933) y *El amor de Sor Juana* (1951).

[19] Véase su artículo: "La revista *Ábside*, desde la capital para todo el país y más allá. Cultura, Letras, Arte" publicado por la Cámara Nacional de Comercio de Guadalajara el 21 abril de 2010.

Tales fueron los católicos y eruditos antecedentes literarios de la poeta Dolores Castro, integrante de la generación conocida como "los ocho de *Ábside*".[20] A lo largo del texto *El corazón transfigurado*, el primer poema publicado por la escritora, un hablante lírico que inicialmente parece asumirse como representante del género humano y que más adelante se identifica como mujer establecerá, como habrá de ser discutido en el siguiente apartado, un religioso monólogo respecto al amor.

El corazón transfigurado de Dolores Castro

El primer poema que Dolores Castro dio a la prensa se publicó en una artística plaqueta editada en 1949 por la *Revista América*, auspiciada por el Departamento de Divulgación de la Secretaría de Educación Pública, en México.[21] La edición

---

[20] Dolores Castro ha sido citada algunas veces como Dolores Castro Varela. Además de la aclaración anterior, conviene señalar aquí que cuando el poema *El corazón trasfigurado* se publicó, ya Rosario Castellanos había dado a la luz su primeros dos poemarios: *Trayectoria del polvo* (1948) y *Apuntes para una declaración de fe* (1948). Tal vez por haber sido condiscípulas desde la escuela preparatoria, no se considera a Rosario Castellanos (1925-1974) precursora de Dolores Castro. Ambas jóvenes estaban por cumplir apenas sus primeros veinticinco años de vida cuando respectivamente dieron a la imprenta sus versos.

[21] En la mítica *Revista América*, fundada en 1940 en la ciudad de México, publicó Juan Rulfo los textos "¡Diles que no me maten!" y "Macario", antes de que estos relatos formasen parte del consagrado volumen *El llano en llamas*, publicado en 1953. Rulfo no fue el único escritor importante que publicó en la *Revista América*, en ella también aparecieron textos de Rosario Castellanos, Juan José Arreola, Sergio Galindo, Luisa Josefina Hernández, Margarita Michelena, Margarita Paz Paredes, Emma Godoy, Jaime Sabines, José Gorostiza, Sergio Magaña, Mauricio Magdaleno, Salvador Novo, Xavier Villaurrutia, José Revueltas, Octavio Paz, Rodolfo Usigli y Leopoldo Zea, entre otros. Efrén Hernández fungiría en algún momento como parte del consejo de redacción de la revista, consejo inicialmente integrado por Alfonso Reyes y Enrique Díez Canedo. La revista inicialmente poseía una orientación socialista al ser resultado de la colaboración intelectual de mexicanos con republicanos españoles refugiados en México al término de la guerra civil española. Posteriormente, al asumir Marco Antonio Millán (poeta morelense nacido en 1911) la dirección de la revista, se arguye que el perfil ideológico de la misma varió.

presentaba una nota preliminar de Efrén Hernández, narrador, poeta, crítico literario y posterior integrante del grupo de "los ocho de Ábside".[22] El texto de Castro fue publicado con ilustraciones de Francisco Capdevila, artista hispano-mexicano nacido en Barcelona.[23] En adición a las imágenes de Capdevila, el pintor costarricense Francisco Amighetti[24] representó a Dolores Castro con un grabado que antecedía los renglones de Efrén Hernández. En su breve y, en ciertas instancias, muy gongorino preámbulo, Hernández presentaba el poema de Castro como producto de una sensibilidad exacerbada.[25] La

---

[22] Al momento de aparecer el poema de Dolores Castro, ya Efrén Hernández, nacido en Guanajuato en 1903, había publicado artículos y textos de narrativa, entre los que destacan su cuento "Tachas", publicado por la Secretaría de Educación en 1928; su volumen de cuentos *El señor de palo*, publicado en 1932 y la antología *Cuentos*, 1941. Hernández, a quien Alí Chumacero describió como "Delgado a más no poder, bajo de estatura, extravagante en el vestir y malicioso como pocos" también era autor ya del poemario *Entre apagados muros*, 1943. Su primera novela *La paloma, el sótano y la torre* salió a la luz en 1949, justo el mismo año en que también escribiera la nota preliminar al poema de Dolores Castro. Alí Chumacero lo presentó, en el libro *Obras de Efrén Hernández*, publicado en 1965 por el Fondo de Cultura Económica, como uno de esos escritores que "suelen descubrir en la palpitación de lo nimio, en la pequeñez de la vida cotidiana, el temblor de la existencia" (7-8).

[23] Capdevila fue uno de los niños refugiados que se acogieron en México al término de la guerra civil española. Su madre falleció en España durante el conflicto bélico, cuando el futuro ilustrador tenía apenas doce años de edad. Ya habiéndose refugiado en México, Capdevila estudió en la Academia de Artes de San Carlos y por muchos años fungió como ilustrador de las ediciones de la Imprenta Universitaria. Su nombre completo era Francisco Moreno Capdevila, murió en 1995, firmando siempre con el apellido materno.

[24] Francisco Amighetti nació en 1907, en San José, Costa Rica. En la década de los cuarenta, atraído por la fuerza del muralismo mexicano, estudió arte mural en la escuela nacional de pintura de México, La Esmeralda. El Museo de Arte de Costa Rica mantiene en exhibición permanente un mural de Amighetti titulado "la Agricultura", Amighetti falleció en 1998. Dolores Castro publicó en la revista *Rueca* (verano 1948) el artículo "Obra y figura de Francisco Amighetti".

[25] En su párrafo inicial, Efrén Hernández señalaba "...la inteligencia de Dolores Castro ya casi no es reconocible en su voz, de tan húmeda y estremecida como ésta brota" (5).

fugaz valorización del texto establecida por el escritor nacido en Guanajuato concluía señalando que la única flor que merecía llamarse reina era aquella cuyo ser ostentaba no hermosura sino dolor: "...pero de todas las flores ninguna ha merecido el ser llamada reina, sino sólo aquella que salió a la vida por caminos de espinas" (6). Y con esta aseveración que, sin explicación ninguna por parte de Hernández, aludía a la metáfora central planteada en el poema respecto al alma como una eterna rosa, la poesía de Dolores Castro se publicó por vez primera.

La valoración de *El corazón trasfigurado* establecida por su inicial comentarista sobre la sensibilidad extrema de la poeta se vio refrendada por el dramatismo que contenían los grabados de Capdevila y Amighetti. El primero presentaba a la hablante lírica de Dolores Castro como una especie de Cristo femenino, traspasada y crucificada, mientras que el segundo la representaba como una mujer reclinada en un balcón, acompañada de tres lobos. Ambas representaciones, fuertes en su captación de una figura femenina que bordea los límites bien fuera de la mística o de la magia, refrendaban el juicio de Efrén Hernández sobre la extrema sensibilidad de Castro.

La apreciación que, sin embargo, aquí habrá de formularse del poema publicado en 1949 matizará aquellas iniciales interpretaciones efectuadas al mediar el siglo veinte, en las cuales el masculino y escondido reproche (musitado por Efrén Hernández en los gongorinos renglones de su preámbulo) era un exceso de sensibilidad.[26] Como inicial paso a una nueva valoración del poema es preciso reconocer, antes de discutir su contenido, la estructura que lo conforma. *El corazón transfigurado* es una silva, consta de 154 versos, endecasílabos y heptasílabos, distribuidos en 16 estrofas de extensión irregular. Debe señalarse que, como en toda silva, resulta evidente en su forma el triunfo de los versos

---

[26] Resulta imprescindible señalar que en el número 20 de la revista *Rueca* (Invierno, 1951-1952), Rosario Castellanos estableció en la sección de notas un comentario sobre *El corazón transfigurado* que, si bien destacaba el lirismo de Castro "su acento conmovido", también resaltaba "la belleza intangible y eficaz de sus imágenes".

endecasílabos, dado el reiterado empleo de los mismos. Al reconocerse la forma del poema, es decir, al clasificársele estructuralmente como silva, se torna evidente el sorjuanino eco que lo ampara. En efecto, claramente discernible se encuentra la influencia de Sor Juana Inés de la Cruz en este primer poema de Dolores Castro. Ella, al igual que la monja jerónima en su *Primero Sueño* (1692), también narra una extraordinaria noche.[27] Una noche y un sueño que, a semejanza de la celebérrima silva sorjuanina, finalizan con la llegada del día. Los últimos versos de *El corazón trasfigurado* indican así la estirpe de la cual provienen:

> este sueño es un sueño desprendido
> con raíz de humildad
> y fuerza de árbol vivo,
> y este sueño es la sombra que se muere
> en la primera estrella matutina. (vv. 150-154)

Este final,[28] así como el triplicado empleo del vocablo *sueño* y la estructura del poema proporcionan las acotaciones necesarias para identificar la tradición a la que pertenecen los versos de Dolores Castro. Debido a la claridad con la cual se percibe el sorjuanino eco que subyace tanto en la forma como el contenido de *El corazón transfigurado*, el poema debió haber sido incluido en la <u>parcial</u> antología de Octavio Paz, *Poesía en movimiento*, mencionada en la nota 9 del presente ensayo pues, en efecto, Dolores Castro se muestra seguidora de una tradición poética con la cual, a la misma vez, decide romper. El sueño y la noche narrados en *El corazón transfigurado* provienen ambos del *Primero sueño* de Sor Juana, de ahí que Castro le haya

---

[27] Recordar que el estudio de la obra de Sor Juana Inés de la Cruz fue tarea fundamental del director de *Ábside*, Alfonso Méndez Plancarte. De ahí que tanto Dolores Castro como Rosario Castellanos, colaboradoras de la revista y frecuentes interlocutoras de su director, conociesen bien la obra de la jerónima. No ha habido comentarista de *Primero Sueño* más erudito que el culto sacerdote responsable de la *Obras Completas de Sor Juana* (1951).

[28] Eco del desenlace poético del *Primero Sueño* de Sor Juana, en el cual Venus, el lucero matutino que anuncia la llegada del Sol, da término al filosófico sueño.

dado a su poema la forma de una silva. La autora nacida en Aguascalientes, sin embargo, rompe con esa misma tradición que aparentemente continúa pues el suyo no es exactamente un sueño de anábasis en tanto que ascensión del alma al conocimiento, como lo es la silva de Sor Juana, pero sí se trata de un sueño de introspección. De igual modo, Castro rompe con el gongorismo que caracteriza al léxico empleado por la monja mexicana en su suprema silva y lo reemplaza por un lenguaje que en ningún momento privilegia el culteranismo que, en cambio, sí caracteriza el extenso y consagrado poema de Sor Juana.[29]

El hablante lírico que se manifiesta en *El corazón transfigurado* inicialmente mantiene una identidad de género abstracta; es decir, al iniciase la lectura del texto no resulta fácil precisar si el hablante del poema posee un género masculino o femenino. Así, en las estrofas iniciales se percibe únicamente el empleo de una voz lírica indeterminada que comienza su poética narración de una noche durante la cual, sin embargo, no habrá de discurrir sobre el conocimiento que puede alcanzar la mente humana, preocupación fundamental de la noche de Sor Juana, sino sobre el significado de la vida eterna:

> Es tiempo de las sombras,
> de las bocas que caen ávidamente
> en los pájaros, ojos de los hombres;
> sobre los hombres, pájaros de Dios. (vv. 1-4)

Durante ese tiempo de sombras, durante esa vigilia alucinada como todas las iluminaciones del alma que el poema de Castro narra, en la cual los seres humanos son los pájaros de Dios, el

---

[29] En la presentación que en la antología *Poesía en movimiento* Octavio Paz hizo de Rosario Castellanos, el laureado poeta inscribió un comentario que puede aplicarse también a la sencillez del léxico empleado por Dolores Castro: "El lenguaje de Rosario Castellanos es llano y sentencioso" (22). De igual modo, el teórico estadounidense Andrew P. Debicki consignó la siguiente valoración en su *Antología de la Poesía Mexicana Moderna* (Tamesis Books, 1977): "Igual que otros poetas de su generación, Rosario Castellanos explota con éxito las posibilidades poéticas de lo ordinario" (254). El comentario paralela lo escrito por el ya citado Alí Chumacero cuando valoraba el estilo de Efrén Hernández, ver nota 22.

inicial hablante lírico se verá a sí mismo como un pájaro roto cuyo canto "es el canto de las mutilaciones" (v.12). Luego de esa metafórica analogía, Castro llevará su discurso a un punto indeterminado, a un no-lugar que representa en el poema empleando un verso que, en forma alternativa, será tres veces inscrito en la segunda estrofa; ese reiterado heptasílabo señala: *"en el principio el verbo"*. El bíblico principio, perteneciente al evangelio de Juan (1:1), conducirá tanto al hablante como al lector a una religiosidad indeterminada tanto en el tiempo como en el espacio, se trata de una especie de infinito místico donde lo único que parece existir es una "…música de esferas afianzada / en el dolido corazón del hombre" (vv. 43-44). En ese sideral espacio donde se afianza una música de esferas,[30] espacio que bien puede referirse a la infinita grandeza del universo o bien puede aludir a la no menos portentosa mente humana que registra el dolor del corazón, el neutro hablante de las iniciales estrofas finalmente asume una voz femenina, afirmando en la tercera estrofa: "y he de caer filtrada / en el íntimo torso de las aguas" (vv. 55-56).

La caída del hablante lírico también ocurre en el *Primero sueño* de Sor Juana: durante su ascenso al conocimiento el alma, esa entidad que ha logrado desprenderse del cuerpo y ascender a regiones nunca antes previstas, duda y esa dubitación logra despeñarla de la magnífica altura a la cual había arribado; sin embargo, a pesar del espectacular despeñamiento, el alma consigue recobrar su serenidad. En el sueño de Dolores Castro la caída del alma conduce a un silencio aterrador ante el cual la hablante también duda; un silencio durante el cual el corazón se expresa "con sordera de mar que apenas grita" (v. 80). Esta simbólica caída del alma es el momento que conduce al clímax poético que es narrado en *El corazón transfigurado*. Un clímax durante el cual la hablante --enfebrecida ante un silencio cuya magnitud y cuyos estragos bien pueden interpretarse como el haber percibido la ausencia de Dios-- verá que la rosa, antes pisoteada por un caballo

---

[30] Alusión que remite al misticismo de la conocida "Oda a Francisco Salinas" escrita por Fray Luis de León en 1577, autor que también ha sido mencionado como una de las influencias de Sor Juana Inés de la Cruz.

negro, volverá a alzar su pétalos para nuevamente erguirse como una flor "reposada y eterna" (v.92).

Esa rosa descrita en la estrofa siete del poema de Dolores Castro es una metáfora del alma que logra serenarse luego de haber experimentado las tribulaciones de la dubitación y el miedo. El alma es la entidad que nunca podrá ser destruida pues conseguirá, como la metafórica rosa, recobrarse dado que es eterna su esencia. Así, el alma recobra en el poema su esencia divina aunque el evento que la hizo perder el sosiego pudo compararse, dada la ferocidad con que fue asaltada por las dudas, al haber sido una frágil rosa pisoteada por un caballo negro.

Justo a partir de haberse recobrado el alma, y asegurar con ello su divina calidad, Castro inscribe en su poema una imagen que reiterará hasta el final mismo del su texto: *toda la eternidad es la paloma*. Este endecasílabo unido al antes repetido heptasílabo *En el principio el verbo* conforman la polifonía espiritual del poema. El símbolo de la paloma es empleado por la autora mediante un repetido endecasílabo que alude, desde luego, al espíritu santo. El más claro empleo de la eternidad como paloma ha sido inscrito en los evangelios: "Y Jesús, después que fue bautizado, subió luego del agua; y he aquí que los cielos le fueron abiertos, y vio al Espíritu de Dios que descendía como paloma, y venía sobre él" (Mateo 3:16); Marcos también inscribe la misma imagen en su propio evangelio: "Y luego, cuando subía del agua, vio abrirse los cielos, y al Espíritu como paloma que descendía sobre él" (1:10). De esta manera, justo a partir de la estrofa 7 el poema de Dolores Castro irradiará religiosas imágenes que, además de reiterar el simbolismo del alma o del espíritu representado como la eternidad de la paloma, describirán también a un hablante que mediante una alusión también bíblica se asume como mujer ("mi corazón espejo caído de la noche / es costilla de Adán iluminada" vv. 122-123). El espacio en el cual se posicionará la hablante a partir de esta instancia será el amor, así lo confirman los versos que integran la totalidad de la estrofa 15.

Ahora bien, como todo texto que de alguna manera narra una experiencia de orden místico, el amor descrito en *El corazón transfigurado* puede interpretarse no sólo como un amor hacia Cristo (quien es siempre aludido en los versos, no siendo nombrado nunca) sino que cabe también la posibilidad de que se trate de un amor humano, lo cual no convierte al amor en una entidad menos sagrada. El amor que florece en el corazón de la hablante lírica ("en un regocijado remolino de fuego" v. 147) manifiesta claramente la poderosa dualidad de su simbolismo ya que ese amor requiere ser interpretado por cada uno de los lectores. ¿El poema de Dolores Castro describe el sagrado amor que una mujer experimenta ante un hombre y de allí la alusión a ser la iluminada costilla de Adán? ¿O bien el amor que el alma experimenta ante esa paloma que emblematiza al espíritu, el cual une a los seres humanos con la divinidad, es el amor a Cristo? Las respuestas a ambas interrogantes no son categóricas, se arremolinan en el viento. Tal es la magnífica propuesta implícita en los siguientes versos:

> Porque el amor es el cantar del viento
> que en un desorbitado remolino
> muestra su corazón de polvo y fuego(vv. 140-142).

Dolores Castro describe en su poema de fuego y viento una experiencia mística que puede, a la misma vez, interpretarse como el más poderoso de los sentimientos humanos, el amor. Lo único que puede concluirse entonces en este prólogo es que ese corazón transfigurado que Dolores Castro presentó a sus lectores en 1949, y que hoy no sólo nuevamente se publica sino que se traduce también por primera vez al inglés, encierra *toda la eternidad aposentada* (v. 126). Determinar si esa eternidad únicamente puede alcanzarse mediante la gracia del amor divino, o bien puede accederse también a ella a través del amor humano, es la incógnita que cada lector podrá despejar al interior de su propio corazón. Algo similar sostenía Gabriela Mistral en su poema "La rosa", perteneciente al poemario *Tala* (1938), en el cual la púnica autora hispanoamericana en recibir el Premio Nobel de Literatura inscribió la siguiente reflexión: *La riqueza del centro de la rosa / es la riqueza de tu corazón. / Desátala en un canto/ o en un tremendo amor*. La rosa que desató Dolores Castro en *El corazón transfigurado* se refiere, en efecto, a un tremendo amor: uno que, de ser escuchado bien, posee la capacidad de trasfigurar no solo al lector sino a la crítica académica, ya que esta última, tal vez por inercia, ha insistido en clasificar a Dolores Castro como la poeta de "los pequeños asombros de la vida diaria".[31] El poema que aquí se presenta canta, por el contrario, el magnífico asombro de la vida interior.

Alessandra Luiselli

---

[31] Gloria Vergara, "La identidad de las poetas mexicanas del siglo XX", *Ínsula*, 707 (2005): 14-18.

INTRODUCTION

The Transfigured Heart of Dolores Castro: *All Eternity Ensconced*

Precursors and Forerunners of Dolores Castro

The Mexican poet, Dolores Castro, published her first poem, *The Transfigured Heart*, in the fourth decade of the twentieth century—an era of superlative importance within the context of literature written by women. Further confirmation of how outstanding the 40's resulted for the consolidation of women's writing takes place in an indisputable manner, if one considers that it was in 1945 that Gabriela Mistral received the Nobel Prize in Literature. The prestigious acknowledgment of her poetic work could not have been more significant for Latin American Literature, in general, and for women writers in particular. Mistral had become and continues to be, even in our day, the only Hispanic woman to have obtained the highly prized award.[1] It should also be noted that in 1945 only four female authors had received, before the Chilean poet, the Nobel Prize in Literature. None of which, however, wrote in Spanish.[2] Prior to Mistral, the magnanimous acknowledgment,

---

[1] The author of *El corazón transfigurado*, accompanied by her great friend and generational companion Rosario Castellanos, met Gabriela Mistral in Veracruz, a Mexican state located on the Gulf of Mexico, where the Chilean writer lived during her second stay in Mexico—from 1948 to 1949. Castellanos includes a narrative about that encounter in her story "Álbum de familia" [Family Album] (1971) in which Mistral appears in the guise of the fictional character Matilde Casanova. This encounter is also captured in a posthumous novel by Rosario Castellanos, *Rito de iniciación* [Rite of Initiation] (1996). The sapphism of Gabriela Mistral, a woman of a strong physique and great height, was not explicitly discussed by academes until the end of the twentieth century. See also the study by Lycia Fiol-Matta *A Queer Mother for the Nation: The State and Gabriela Mistral* (University of Minnesota Press, 2001).

[2] Selma Lagerloff of Sweden received it in 1909; Grazzia Deledda, of Italy, in 1926n; Sigrid Undset, of Norway, in 1928; and Pearl S. Buck, from the U.S., in 1938.

which has been awarded since its inception in 1901, had only been awarded to two other authors whose language was likewise Castilian. Both were playwrights: José Echegaray received it in 1904; and Jacinto Benavente received it in 1922.

Given the aforementioned context, it should be understood that the implicit, world-wide consecration rests in the simple fact that Mistral was even been selected to be the recipient of the Nobel Prize in 1945. This would be the first time that an author from Latin America, male or female, would be made the recipient of the consecrating laureateship.[3]

Thus, in that memorable decade of the forties, and just four years after Gabriela Mistral had been honored with the Nobel Prize in Literature, Dolores Castro published her first poem in a chapbook published by the *América* journal. At the moment this seminal text by the Mexican poet came to light, women's poetry had already overcome—thanks to Mistral—the trial by fire of canonical consecration. It is noteworthy that this was a difficultly-achieved outcome considering that the Hispanic American literary canon is composed of an overwhelming majority of male writers.

We should also add to the register of legitimizations obtained by Mistral in favor of women poets, which again is the era of the emergence of *The Transfigured Heart*, the fact that the poem herein examined was published in 1949. This allowed it to enjoy, in that manner, yet another seasonal and luminous coincidence. The verses of Dolores Castro emerge exactly the same year in which the most determining and crucial study for understanding of the feminine condition was published; in France, the year 1949, marks the date in which

---

[3] After Mistral, the Nobel Prize for Literature was awarded in 1971 to the Chilean author Pablo Neruda; subsequently, the Colombian author Gabriel García Márquez received it in 1982; the Mexican, Octavio Paz, received it in 1990; and the Peruvian-born-nationalized Spaniard, Mario Vargas Llosa, received it in 2010. No Hispanic woman has ever received the distinction since.

Simone de Beauvoir published her essay, which achieved mythical proportions, *The Second Sex*.[4]

Both indispensable references, Mistral's and Beauvoir's, contextualize—while providing significant timeframe coordinates—the first publication by the Mexican poet, Dolores Castro, who was born in the city of Aguascalientes.[5] The writers, however, who have been deemed the precursor figures of her poetic work, despite their notoriety and significance, were neither the award-winning Chilean poet nor the French philosopher; rather, they were three women of Mexican nationality: Guadalupe Amor, Margarita Michelena, and Margarita Paz Paredes.[6]

---

[4] It can be argued without a doubt that it was Simone de Beauvoir (1908-1986), the philosopher, who most influenced the life and works of Rosario Castellanos. See also Alessandra Lusielli, *Letras mexicanas: ensayos sobre escritores mexicanos de la segunda mitad del siglo veinte* (UNAM, 2006). Also note that *Le deuxième sexe* was published in Paris under the brand of Gallimard Publishing House.

[5] Dolores Castro was born in April of 1923. She lived her early years in the state of Zacatecas and studied in both the *Facultad de Derecho* [School of Law] and the *Facultad de Filosofía y Letras* [School of Philosophy and Letters] at the UNAM in Mexico City. Along with Rosario Castellanos, who was a classmate and friend of hers since her adolescence, Castro took courses in aesthetics at the *Universidad Complutense* of Madrid. Dolores Castro was one of the founding members of *Radio UNAM* and was the founder of the ENEP Acatlán. She also lectured at the SOGEM and in the INBA, as well as at the *Universidad Iberoamericana* and in the *Escuela Mexicana de Periodismo Carlos Septién García*, all institutions of higher education where she contributed to the development of many generations of students. In addition, Dolores Castro worked for a journal titled *Poesía de América* as editor in chief, a position which allowed her to interact with poets of the caliber of José Lezama Lima and Fina García Marruz, among many others. In 1980, she received the *Premio Nacional de Poesía de Mazatlán*; and in 1988 she received a national tribute as a *Maestra de la Juventud*. She, along with Alejandro Avilés, was a presenter in a cultural television program on Mexico's Channel 11 titled *Poetas de México*. Dolores Castro, widow of Javier Peñalosa, is the mother of seven children.

[6] See the biographical sketch on Dolores Castro on the website *excéntricaonline.com*.

In fact, toward 1949, the turbulent and ever-fascinating Pita Amor ("the eleventh muse" and aunt of Elena Poniatowska) had already published several books; among these were the essential volume *Yo soy mi casa* [I Am My House] (1947).[7] In the same manner, Margarita Michelena[8]—the poet who was greatly admired by Octavio Paz and legitimated by he himself upon including her in his anthology titled *Poesía en movimiento* [Poetry in Movement]—[9] had also already released works for publication. Before the appearance of the first poetic text by Dolores Castro, she had published the following poetic collections: *Paraíso y nostalgia* [Paradise and Nostalgia] (1945) and *Laurel del ángel* [Laurel of the Angel] (1948). Meanwhile, Margarita Paz Paredes—who was the spouse of

---

[7] Other books published by Guadalupe Amor (1918-2000) at the time Dolores Castro published her first poem are the following: *Puerta obstinada (1947), Círculo de angustia (1948), Poesía (1948)*, and *Polvo (1949)*. After a life of scandal and poetry, Pita Amor died at age 81. In an interview with Cristina Pacheco, which was included in the book titled *Al pie de la letra* (1981, Fondo de Cultura Económica), Pita Amor said: "I do not know tranquility, I do not know peace, I do not know calmness. I was born, and I have lived ignited, incinerated, and possessed" (233).

[8] Margarita Michelena (1917-1998), daughter of Spanish immigrants and born in Mexico, was a journalist at the influential newspaper *Excélsior* and also served as director for the cultural supplement *La cultura en México*, This allowed her to play a pivotal role in the country's cultural life. She died in 1998; and is virtually forgotten as a poet.

[9] In the famous anthology *Poesía en movimiento* compiled in 1966 by four outstanding Mexican poets—Octavio Paz, Alí Chumacero, José Emilio Pacheco, and Homero Aridjis—, only four women (out of the 42 authors selected) were included. These were Rosario Castellanos, Isabel Freire, Margarita Michelena, and Thelma Nava. The latter (born in 1932) was a prominent journalist, in addition to being a poet. Isabel Freire (born in 1934), winner of the Xavier Villaurrutia Award in 1978, had not yet published any books of poetry when the controversial anthology was published. The criteria for selection (or omission of authors) were established in the prologue of *Poesía en movimiento*, in which Octavio Paz registered his famous theoretical oxymoron around Mexican poetry: "The modern tradition is the tradition of rupture" (5). The authors Freire and Nava are both still alive today (2012). Dolores Castro is also alive today; however, she was not included in the aforementioned compilation. The stated objective of this compilation was to establish "a *partial* anthology" that somehow represented the altered continuity of the poetic tradition (8, italics by Octavio Paz).

the writer, Ermilo Abreu Gómez (1894-1971) whose passion for Sor Juana brought him to become, in the first decades of the twentieth century, one of the main and most renowned rediscoverers—,[10] had also released for publication several books of poetry. Furthermore, Paz Paredes was well known for the poetic recitals that she delivered in México.[11]

This is how the aforementioned, brilliant stave of precursor writers served as the historical backdrop for the first publication by Dolores Castro—a publication as well noted by Antonio Castro Leal in his anthology *La poesía mexicana moderna* [The Modern Mexican Poetry] (Fondo de Cultura Económica [Fund for Economic Culture], 1953): "it live from the illuminations of the spirit" (xxx).

The Poetic Generation of Dolores Castro

Alfonso Méndez Plancarte, a scholarly priest best known for the 1951 authoritative edition of the first three volumes of the *Complete Works of Sor Juana Inés de la Cruz*, conceived and memorialized for posterity the poetic generation with which Dolores Castro is associated. In 1955, he published a book titled *Ocho poetas mexicanos* [Eight Mexican Poets]; this would be the last poetic anthology that Alfonso Méndez Plancarte—devotee and learned scholar of Mexican

---

[10] The author of *Canek* (book published in 1934) was concerned with recovering the works of Sor Juana at a time in which an edition of her complete works was non-existent. His research and publications, which emerged in the early decades of the twentieth century, explored the subject of the Tenth Muse. These played a decisive role in the 1951 publication of the first volume of the *Obras Completas de Sor Juana Inés de la Cruz*, edited by Father Alfonso Méndez Plancarte. Abreu Gómez (1894-1971) was made a member of the Mexican Academy of Language in 1963.

[11] By 1949, Margarita Paz Paredes, who was born in Guanajuato a year before Dolores Castro, had already published the following works: *Voz de la tierra* (1946), *El anhelo plural* (1948), *Retorno* (1948), *Génesis transido* (1949) and *Elegía a Gabriel Ramos Millán* (1949). She was a teacher at the Escuela Normal Superior de México; and she was already a widow when she died in 1980 at age fifty-eight.

literature—[12] would release to the presses. This poetic anthology, which he produced, compiled the work of women poets—Rosario Castellanos and Dolores Castro—and the work of the following writers, whose names appear in alphabetical order: Alejandro Avilés, Roberto Cabral del Hoyo, Efrén Hernández, Honorato Ignacio Margaloni, Octavio Novaro, and Javier Peñalosa—the latter, was Dolores Castro's husband.[13] The group of authors included in this anthology were considered part of the same generation, which was christened with the sobriquet of *"los ocho de Ábside"* [the eight of *Apsis*].

The sobriquet given to the eight poets of the compilation by Méndez Plancarte came from the fact that they were all contributors of *Ábside: Revista de Cultura Mexicana* [Apsis: Journal of Mexican Culture], founded in 1937 by Alfonso Méndez Plancarte's brother, Gabriel, who was also a scholarly priest.[14] The Méndez Plancarte brothers defended, according to the Mexican sociologist Beatriz Urías Horcasitas, a hispanophile conservatism of militant and Catholic alignment through their journal (609).[15] The motto for the poetic

---

[12] In 1942 and 1945 UNAM published two volumes of the classic anthology compiled by Alfonso Méndez Plancarte titled *Poetas Novohispanos* (1621-1721).

[13] Javier Peñalosa Calderón (1921-1977) was a journalist, teacher, translator, storyteller and poet. In 2009, his poetry was reprinted in a posthumous volume titled *Paso de la memoria*.

[14] Both brothers, born in Zamora, Michoacán, attended the Pontificio Colegio Pío Latino, established in Rome, Italy. Gabriel (1905-1949) was later admitted to the Pontificia Universidad Gregoriana, where he earned a doctorate in theology and canon law. After being ordained as a priest in 1927, Gabriel studied sociology at the Universidad Católica de Lovaina, in Belgium. Alfonso (1909-1955) also received a doctorate from the Universidad Pontificia de México and was ordained as a priest in 1932; he was made a member of the Mexican Academy of Language in 1954.

[15] See the section titled "Tendencias de la hispanofilia mexicana en los años cuarenta," part of the longer article titled "Una pasión antirrevolucionaria: el conservadurismo hispanófilo mexicano (1920-1960)," which was published in the *Revista Mexicana de Sociología*, 72:4 (2010): 599-628. To understand the ideology defended by the journal, *Ábside*, the article by Jesús Iván Mora Muro

generation of "los ocho de *Ábside*," devised by Dolores Castro, was enshrined in the following words: "Each with his tongue, all in one flame."[16] The important literary contributions of *Ábside*, a journal which remained in circulation over the span of four decades (from 1937 to 1979), cannot be ruled out simply because of the Catholic brand it bore. The religious orientation that this publication maintained throughout the years is confirmed by, among other data,[17] a text by Guillermo Díaz Plaja, which was written in 1975 in commemoration of the death of Alfonso Junco, who was the third director of the journal.[18] In his funereal homage, Díaz Plaja, then a member of

---

is also significant: "El catolicismo frente a la modernidad. Gabriel Méndez Plancarte y la revista Ábside"; it was published in a journal titled *Relaciones*, 126: XXXII (2011): 138-170.

[16] It should be noted that in *Ábside* , a journal which remained in circulation from 1937 to 1979, Gabriela Mistral published a still-unpublished poem titled "Paraíso." In the same way, with Gabriel Méndez Plancarte's untimely death in 1949, the winner of the Nobel Prize in Literature wrote a funeral poem titled "El amigo." The poem began thusly: "One of the greatest workers has disappeared from the Mexican workshop perhaps the most dedicated of them all." In her introduction—written for Gabriela Mistral's poetic anthology published in 1973 by Editorial Porrúa, in their classic popular series "Sepan Cuantos…"—Palma Guillén notes that every week writers, politicians and intellectuals traveled to Veracruz to visit Mistral, among these were "…the Méndez Plancarte brothers and **all the young women collaborating in *Ábside*: Margarita Michelena, Rosario Castellanos, Lola Castro.** Alfonso Reyes and Manuela; the Cossío-Villegas, doctor Ignacio Chávez and Celia, his wife; General Cárdenas, Diego Rivera, Alfonso Junco… would also go [to visit her." (xivii emphasis mine).

[17] The title of the journal itself refers to the architectural detail of a domed/vaulted temple; the altar is enshrined within the apse. A comment made by Alfonso Méndez Plancarte himself, concerning the meetings he held with the contributors to the journal, is an important detail to consider because it reifies the openly Catholic tendencies of the journal: "Here large-scale blasphemy is achieved" (58). The previous comment was recorded by Enriqueta Calderón Galván in her overview of Dolores Castro, see *Escritoras mexicanas vistas por escritoras mexicanas* (University of Nebraska, 1977).

[18] The first executive editors of *Ábside* were the Plancarte brothers, Gabriel and Alfonso Méndez Plancarte, in that order. Alfonso Junco (1896-1974), born in Monterrey, Nuevo León, was a prolific author of both prose and poetry. Many of his poems contain religious themes. Examples of these are the poetry books *El alma estrella* (1920), *Posesión* (1923) and *La divina aventura*

the Royal Academy of the Spanish Language, noted with clarity the religious tendency of the journal: "...*Ábside*, which defends with such serene elegance its Catholic fidelity. Some, like the great Alfonso Méndez Plancarte, are no longer among us. But there are new soldiers stepping into the breach" (abridged text by José Ramón Ramírez Mercado).[19]

Such were the literary precursors, Catholic and academic, of Dolores Castro, the poet—a member of the generation known as "los ocho de *Ábside*".[20] Throughout the text of *The Transfigured Heart*, the first-ever poem published by the writer, a lyrical speaker who initially appears to presume himself of the human race and who later self-identifies as a woman comes to establish—as it will be discussed in the following section—a religious monolog on the matter of love.

The Transfigured Heart of Dolores Castro

The first poem that Dolores Castro released to the presses was published in an artistic chapbook published by *América* journal in 1949, under the auspices of the Department of Dissemination of the Secretariat for Public Education, in Mexico.[21] This edition featured an introductory note by Efrén

---

(1938). He is also the author of the essays *Inquisición sobre la Inquisición* (1933) and *El amor de Sor Juana* (1951).

[19] See José Ramón Ramírez Mercado's article titled "La revista *Ábside*, desde la capital para todo el país y más allá. Cultura, Letras, Arte" published by the *Cámara Nacional de Comercio de Guadalajara*, on April 21, 2010.

[20] Dolores Castro has sometimes been cited as Dolores Castro Varela. In addition to the aforementioned clarification, it should be noted that by the time *El corazón transfigurado* was published, Rosario Castellanos had already published her first two collections of poems: *Trayectoria del polvo* (1948) and *Notas para una declaración de fe* (1948). Perhaps because they were classmates since high school, Rosario Castellanos (1925-1974) is not considered a precursor of Dolores Castro. Both young women were in their mid-twenties when each of them had their verses published.

[21] It is in the mythical *Revista América*, founded in 1940 in Mexico City, that Juan Rulfo first published "*¡Diles que no me maten!*" and "*Macario*," before these stories were part of the acclaimed volume *El Llano en Llamas*, published in 1953. Rulfo was not the only important writer to publish in *Revista América*.

Hernández, storyteller, poet, literary critic and subsequent member of the "los ocho de *Ábside*" group.[22] Castro's text was published with illustrations by Francisco Capdevila, a Spanish-born Mexican artist whose birthplace was Barcelona.[23] In addition to the images by Capdevila, the Costa Rican painter Francisco Amighetti[24] crafted an engraved representation of

---

The texts of Rosario Castellanos, Juan José Arreola, Sergio Galindo, Luisa Josefina Hernández, Margarita Michelena, Margarita Paz Paredes, Emma Godoy, Jaime Sabines, José Gorostiza, Sergio Magaña, Mauricio Magdaleno, Salvador Novo, Xavier Villaurrutia, José Revueltas, Octavio Paz, Rodolfo Usigli, and Leopoldo Zea, among others were also included in *Revista América*. At some point, Efrén Hernandez would serve as part of the editorial board of the journal, which initially consisted of Alfonso Reyes and Enrique Díez Canedo. The journal initially had a socialist orientation as a result of the joint collaboration of Mexican intellectuals with Spanish-republican refugees, who came to Mexico at the end of the Spanish Civil War. Later, when Marco Antonio Millán (a poet born in the Mexican state of Morelos in 1911) assumed the directorship of the journal; it is a point of contention that its ideological profile varied.

[22] At the time that Dolores Castro's poem appeared, Efrén Hernández, born in Guanajuato in 1903, had published articles and narrative texts. Among these are his story "Tachas," published by the *Secretaría de Educación* in 1928; his volume of stories *El señor de palo,* published in 1932; and the anthology *Cuentos,* 1941. Hernández, who Alí Chumacero described as "Extremely thin, short, extravagant in his apparel and malicious as few" was also the author of the already-published book of poetry *Entre apagados muros,* 1943. His first *novel La Paloma, el sótano y la torre* was published in 1949, exactly the same year in which he wrote the introductory note to the poem by Dolores Castro. Alí Chumacero introduced him in the book *Obras de Efrén Hernández,* published in 1965 by the *Fondo de Cultura Económica.* He described him as one of those writers who "often discover in the palpitation of the insignificant, in the trivialness of everyday life, the tremor of existence" (7-8).

[23] Capdevila was one of the child refugees who was admitted into Mexico at the end of the Spanish Civil War; his mother died in Spain during the war, when the future illustrator was only twelve years old. Having taken refuge in Mexico, Capdevila studied at the *Academia de Artes de San Carlos*; and, for many years, he served as an illustrator of the editions of the university printing press. His full name was Francisco Moreno Capdevila. He died in 1995, signing always with his mother's maiden name.

[24] Francisco Amighetti was born in 1907 in San José, Costa Rica. During the forties, attracted by the force of Mexican muralism, he studied mural art at *La Esmeralda*, which was that national academy for painting of Mexico. The Costa Rican Museum of Art maintains a permanent exhibit of an Amighetti mural titled "Agriculture." Amighetti died in 1998. Dolores Castro published

Dolores Castro that preceded the lines by Efrén Hernández. In his brief—and, at times, very Gongorian [after the baroque writer, Luis de Góngora y Argote] introduction—Hernández presented Castro's poem as the byproduct of an exacerbated sensibility.[25] The fleeting evaluation of the text produced by this writer, who was born in Guanajuato, concluded noting that the only flower that was worthy of being called queen was she whose being held not beauty but pain: "…but from among all the flowers none has deserved to be called queen, but she alone who carved out her path in life by way of thorny roads" (6). And with this assertion—that without any explanation from Hernández, alluded to the central metaphor raised in the poem concerning soul as an eternal rose—the poetry of Dolores Castro was published for the first time.

The analysis of *The Transfigured Heart* established by its first critic, respecting the extreme sensibility of the poet was further bolstered by the dramatic representation, contained in the engravings by Capdevila and Amighetti. The first featured the lyrical speaker Dolores Castro as a female Christ-like figure, pierced and crucified; yet the second represented the speaker as a woman reclining on a balcony, accompanied by three wolves. Both representations, strong in their recruitment of a female figure that reaches well beyond the limits of mysticism or that of magic, served to bolster the analysis provided by Efrén Hernández concerning the extreme sensitivity of Castro.

The appraisal, however, that herein must be formulated concerning the poem published in 1949 will nuance those initial interpretations effectuated by mediating the twentieth century in which the masculine and hidden reproach (uttered by Efrén Hernández in the Gongorian lines of the

---

the article "Obra y figura de Francisco Amighetti" in the magazine *Rueca* (summer 1948).

[25] In his opening paragraph, Efrén Hernández remarks on how "…the intelligence of Dolores Castro is barely recognizable in her voice, so wet and shaken as this emerges" (5).

introduction) deemed it to be a work of excessive sensibility.[26] As a preliminary step to the re-examination of the poem, it is necessary to note—before discussing its contents—the structure it embodies. *The Transfigured Heart* [in its original Spanish form], is a *silva*; and it comprises 154 verses, both hendecasyllabic and heptasyllabic, which are dispersed over 16 irregular stanzas. It should be noted that, as in all *silvas*, what is evident in its form is the success of the hendecasyllabic verses, given the repeated use of these. Upon recognizing the form of the poem—that is, upon re-classifying it "structurally" as a *silva*—, the Sorjuanian echo that it harbors becomes more evident. In fact, the influence of Sor Juana Inés de la Cruz is clearly discernible in this first poem by Dolores Castro. She, like the Hieronymite nun in her *Primero sueño* [First Dream] (1692), also describes an extraordinary night.[27] One night and one dream that, like the celebrated Sorjuanian *silva*, culminates at daybreak. The last lines of *The Transfigured Heart* proffer thus the roots of their provenance:

> this dream is a forlorn dream
> with roots of humility
> and the strength of a living tree,
> and this dream is the shadow that perishes
> with the first morning star. (vv. 150-154)

This ending,[28] as well as the triple use of the word *dream* and the structure of the poem, provides the necessary data to

---

[26] And it is important to note that in issue number 20 of the *Rueca* (Winter 1951-1952) literary journal, Rosario Castellanos provides in the notes field commentary on *El corazón transfigurado* that, while emphasizing the lyricism of Castro "her touching style," also highlighted "the intangible beauty and effectiveness of her images."

[27] Note that the study of the works of Sor Juana Inés de la Cruz was a fundamental task of the director of *Ábside,* Alfonso Méndez Plancarte. That is why both Dolores Castro and Rosario Castellanos, contributors of the journal and frequent spokespersons for its director, were well acquainted with the work of the Hieronymite nun. There has never been a more scholarly commentator of *Primero sueño* than the learned priest responsible for the *Obras completas de Sor Juana* (1951).

identify the literary tradition to which the verses of Dolores Castro belong. Because of the perceived clarity of the Sorjuanian echo that underlies the form as well as the content of *The Transfigured Heart*, the poem ought to have been included in the *partial* anthology by Octavio Paz, *Poesía en movimiento* [Poetry in Motion], mentioned in note 9 of the present analysis. In fact, Dolores Castro renders herself an adherent of a poetic tradition from which she simultaneously decides to break away. Both the dream and the night narrated in *The Transfigured Heart* stem from Sor Juana's *Primero Sueño* [First Dream]; hence, Castro gave the poem the form of a *silva*. The author from Aguascalientes, however, breaks away with that very tradition that apparently continues—for hers is not exactly a dream of Anabasis in so far as the ascent of the soul toward knowledge, as is the *silva* by Sor Juana; but it does concern a dream of introspection. In the same manner, Castro breaks away from the tradition of Góngora that characterizes the diction used by the Mexican nun in her supreme *silva*; and she replaces it with a language that at no moment whatsoever privileges *culteranismo*, which, on the other hand, is indeed a marked characteristic of the extensive and consecrated poem of Sor Juana.[29]

The lyrical voice manifested in *The Transfigured Heart* maintains an ambiguous gender identity; that is, upon first reading the text, it is not easy to determine whether the speaker of the poem embodies the gender characteristics associated with masculine or feminine narration. Thus, in the opening

---

[28] Refers to influences of the poetic dénouement of the *Primero Sueño* by Sor Juana, in which Venus, the morning star that announces the arrival of the Sun, ends the philosophical dream.

[29] In the presentation that Octavio Paz made about Rosario Castellanos in the anthology *Poesía en movimiento*, the poet laureate recorded a comment that is also applicable to the simplicity of the lexicon used by Dolores Castro: "The language of Rosario Castellanos is plain and straightforward" (22). In the same way, the American theorist Andrew P. Debicki made the following assessment in his *Anthology of Modern Mexican Poetry* (Thames Books, 1977): "Like other poets of her generation, Rosario Castellanos successfully exploited the poetic possibilities of the ordinary" (254). There is a parallel comment written by the aforementioned Alí Chumacero when praising the style of Efrén Hernández; see note 22.

stanzas one can only perceive the use of an indeterminate narrator that sets out its poetic recitation during a night in which, nevertheless, there will be no discourse over the knowledge that the human mind may achieve—which is a fundamental concern of the night of Sor Juana; rather, by contrast, its focus will be on the meaning of eternal life:

> It is time for the shadows,
> of the mouths that fall avidly
> upon the birds, eyes of the men;
> upon the men, birds of God. (vv. 1-4)

During that time of shadows, during that hallucinated watch like all illuminations of the soul depicted in Castro's poem, upon which the human beings are the birds of God, the first lyrical speaker will see him/herself like that of a broken bird whose "song is the song of the mutilations" (v.12). After that metaphorical analogy, Castro leads her discourse to an indeterminate point to a non-place depicted in the poem using a verse, alternatively, which will be registered three times in the second stanza: this repeated heptasyllable states: "*in the beginning the word.*" The biblical principle, an allusion to the Gospel of St. John 1:1, which will transport both the narrator and the reader to an indeterminate religiousness, in time as well as in space, concerns a sort of mystical infinity where the only thing that appears to exist is "…the music of the spheres tempered / in the pain-stricken heart of man" (vv. 43-44). In this sidereal space where music takes hold of spheres,[30] a space which may well allude to the infinite greatness of the universe or may well allude to the equally portentous human mind that registers heartache, the non-gender specific narrator of the opening stanzas finally assumes a female voice, saying in the third verse: "I am to fall filtered / in the intimate torso of the waters" (vv. 55-56).

---

[30] This is a reference to the mysticism of the famous "Oda a Francisco Salinas" written by Fray Luis de León in 1577, author who has also been mentioned as one of the influences of Sor Juana Inés de la Cruz.

The fall of the lyrical speaker also takes place in Sor Juana's *Primero Sueño* [First Dream]: during its ascent to the knowledge of the soul—that entity which has succeeded in detaching itself from the body in order to ascend to regions never before provided—it doubts and that hesitation succeeds in toppling her from the magnificent height at which she had arrived. Nevertheless, in spite of this spectacular plummeting, the soul manages to recuperate its serenity. In the dream that is recorded by Dolores Castro, the falling soul leads to an eerie silence in which the speaker also doubts—a silence during which the heart expresses itself with "the deafness of a sea that just about screams" (v. 80). This symbolic fall of the soul is the moment that transports the reader to the poetic dénouement, which is narrated in *The Transfigured Heart*. A climax during which the speaker—feverish before a silence whose magnitude and whose havocs may well be interpreted as having perceived the absence of God—will see the rose, previously trampled by a black horse, raise its petals to rise again as a flower "reposed and eternal" (v.92).

That rose described in stanza seven of Dolores Castro's poem is a metaphor of the soul that succeeds in attaining serenity after having experienced the tribulations of hesitation and fear. The soul is the resilient entity that may never be destroyed—for it will, as in the metaphorical rose, achieve recuperation given that its essence is eternal. Thus, the soul will recover within the poem its divine essence—even if the event that made it lose peacefulness may have been compared, given the fierceness with which doubt assaulted it, to having been a fragile rose trampled by a black horse.

Just after having depicted the recovery of the soul, and thereby securing its divine quality, Castro includes in her poem an image that is sustained to the very end of her text: *all eternity is the dove*. This hendecasyllable connected with the previously repeated heptasyllable *in the beginning the word* comprises the poem's spiritual polyphony. The symbol of the dove is no doubt used by the author as an allusion, by means of the repeated hendecasyllable, to the Holy Spirit. The clearest use of eternity as a dove has been inscribed in the Gospels:

"When He had been baptized, Jesus came up immediately from the water; and behold, the heavens were opened to Him, and He saw the Spirit of God descending like a dove and alighting upon Him." (Matthew 3:16). The Gospel of St. Mark also advises of the same image in his own Gospel: "And immediately, coming up from the water, He saw the heavens parting and the Spirit descending upon Him like a dove" (1:10). Thus, precisely from stanza seven of the poem Dolores Castro provides religious imagery, in addition to restating the symbolism of the soul or spirit of eternity as represented by a dove, which will further define a speaker—also by means of a biblical allusion—who may be understood to be a female narrator ("my heart fallen mirror of the night / is the illuminated rib of Adam" vv. 122-123). The space, in which the speaker will position herself, henceforth, will be the vantage point of love, as confirmed by the verses that comprise the whole of stanza 15.

Now, as with any text that somehow narrates an experience of the mystical sort, the love described in *The Transfigured Heart* may be interpreted not only as a love for Christ (who is an ever-present allusion in the verses, even as he is not ever mentioned by name) but also plausibly as a human love; the latter, however, does not necessarily transform the love into a less-sacred entity. The love that flourishes in the heart of the lyrical speaker ("in a rejoiced swirl of fire" v. 147) clearly manifests the powerful duality of its symbolism, since *that* love requires the singular interpretation of each reader. Could it be that Dolores Castro's poem describes the sacred love that a woman experiences before a man and that from thence stems the imagery to being Adam's illuminated rib? Or is the love that the soul experiences before that dove, which symbolizes the spirit that binds the humans with divinity, the love of Christ? The answers to both these questions are not categorical; rather, they whirl in the wind. Thus is the magnificent proposal implied in the following verses:

> Because love is the song of the wind
> that in some exorbitant swirl
> shows its heart of dust and fire (vv. 140-142).

Dolores Castro describes in her poem of fire and wind a mystical experience that at the same time may be interpreted as the most powerful of human sentiments: love. The only conclusion that may be drawn from this introduction is that this transfigured heart that Dolores Castro presented her readers with in 1949, which today not only is newly published but is translated for the first time into English, ensconces *all eternity* (v. 126). To determine whether that eternity can only be achieved by the grace of divine love, or whether access to it could just as well be obtained by means of human love, is the question that each reader will be able to clarify within his/her own heart. Something similar was held by Gabriela Mistral in her poem "The Rose," which is drawn from her poetic collection titled *Tala* (1938), in which the only female Hispanic American author to receive the Nobel Prize in Literature eternalized the following reflection: *The richness of the center of the rose / is the richness of your heart. / Unleash it in a song / or in a tremendous love.* The rose which Dolores Castro unleashed in *The Transfigured Heart* refers, in fact, to a remarkable love: one that, if it were to be well heard, possesses the ability to transfigure not only the reader but also scholarly criticism— since the latter, perhaps by inertia, has obstinately classified Dolores Castro as the poet of "the small astonishments of daily life."[31] The poem that is herein presented sings, on the contrary, of the magnificent astonishment that is internal life.

Alessandra Luiselli

---

[31] Gloria Vergara, "La identidad de las poetas mexicanas del siglo XX", *Ínsula*, 707 (2005): 14-18.

porque el amor es el cantar del viento
que en un desorbitado remolino
muestra su corazón de polvo y fuego
                    Dolores Castro

because love is the song of the wind
that in some exorbitant swirl
shows its heart of dust and fire
                    Dolores Castro

El CORAZÓN TRANSFIGURADO

THE TRANSFIGURED HEART

It is time for the shadows,

of the mouths that fall avidly

upon the birds, eyes of the men;

upon the men, birds of God.

Slight wind, blind passenger

to the scuttlebutt of the trees, open

unto the heavens immensely like an eye

of God, certain and stern:

I am a poor bird asleep

in the land of God,

under his eyes I have lost my wings

and my song is the song of the mutilations.

I dwell in a transitory house,

which the wind takes eternally

like the silence itself,

in a rent and profound chant.

I have ended up as poor as the wind

that takes and leaves and abandons all,

I have ended up as poor as the echo

beneath the four murals extinguished.

The rain has worn down my angular borders,

my bones have drunk from the constellations

I dwell like the moss in the hands of time

and I feel my cinders detach and fall.

I am a broken bird that would fall from the sky

in a mold made of clay;

Es tiempo de las sombras,
de las bocas que caen ávidamente
en los pájaros, ojos de los hombres;
sobre los hombres, pájaros de Dios.
Viento menudo, pasajero ciego
al rumor de los árboles, al cielo
abierto inmensamente como un ojo
de Dios, certero y duro:
Yo soy un pobre pájaro dormido
en la tierra de Dios,
bajo sus ojos he perdido las alas
y mi canto es el canto de las mutilaciones.
Habito en una casa transitoria,
a la que el viento lleva eternamente
como al silencio mismo,
en un canto desgarrado y profundo.
He quedado tan pobre como el viento
que toma y lleva y abandona todo,
he quedado tan pobre como el eco
bajo los cuatro muros apagado.
Ha gastado la lluvia mis angulosos bordes,
mis huesos han bebido de las constelaciones
habito como musgo en las manos del tiempo
y siento mi ceniza que se desprende y cae.

Soy un pájaro roto que cayera del cielo
en un molde de barro;

I am the play of a child;

merely a sigh, mud and its saliva;

I am the clay that keeps

this wounded bird in the fall;

I am the fallen bird that sings

in its pain and in its limitations;

I am all that flies, the cinder,

the wall, the wind, the bird, oblivion.

Downcast, due to ungraspable wind of its hands

inflicting wounds in the entrails of the void,

in the beginning the word.

It rips the painful flower from its creatures,

in the beginning the word,

its heart the sea, and the wound

of its heart the heavens.

The time and the space bleating their beauty,

the music of the spheres tempered

in the pain-stricken heart of man,

which is his life the music of some wind,

the shadows ripped to shreds under his voice encourages

that he was given the sheath

of his mortal figure,

in the beginning the word.

The air licks my wounded bones

like an enormous animal gone berserk;

soy el juego de un niño;

apenas soplo, lodo y su saliva;

soy el barro que guarda

este pájaro herido en la caída;

soy el caído pájaro que canta

en su dolor y en sus limitaciones;

soy todo lo que vuela, la ceniza,

el muro, el viento, el pájaro, el olvido.

Hundido, por inasible viento de sus manos

hiriendo en las entrañas del vacío,

en el principio el verbo.

Arranca la dolorosa flor de sus creaturas,

en el principio el verbo,

su corazón el mar, y herida

de su corazón el cielo.

El tiempo y el espacio balando su belleza,

la música de esferas afianzada

en el dolido corazón del hombre,

que es su vida la música de un viento,

las sombras desgarradas bajo su voz alienta

que le dio la envoltura

de su mortal figura,

en el principio el verbo.

El aire lame mis heridos huesos

como enorme animal enloquecido;

the sky, a blue sword upon my eyes,
penetrates dismembered and fugitive.
My hands shall sink in the silence
and I am to fall filtered
in the intimate torso of the waters.
Because silence is the sower of the spume
upon the sheaf of the things;
in its leisurely nap, my ears
shall flourish sunken,
and now soon,
abandoned turtledove the heart,
giving up tiny leaps of ash
in its gray perishing, bending its neck,
it is to leap eternally stag
upon the humble weed.

Because silence is the sower of the spume
upon the sheaf of the things,
we are to steep in the silence;
and to my eyes, desolate stags,
also from the heart shall they go fleeing
with the space for a blind brother.

Time child with the voice of flight
took my body, spinning cinder top,
upon his thighs, rivers escaping

el cielo, espada azul sobre mis ojos,
penetra desmembrado y fugitivo.
Mis manos se hundirán en el silencio
y he de caer filtrada
en el intimo torso de las aguas.
Porque el silencio es sembrador de espuma
sobre el haz de las cosas;
en su pausada siesta, mis oídos
florecerán hundidos,
y ya pronto,
tórtola abandonada el corazón,
dando pequeños saltos de ceniza
en su gris perecer, doblando el cuello,
ha de saltar eternamente ciervo
sobre la yerba humilde.

Porque el silencio es sembrador de espuma
sobre el haz de las cosas,
hemos de fermentar en el silencio;
y ya mis ojos, desolados ciervos,
también del corazón irán huyendo
con el espacio por hermano ciego.

El tiempo niño de la voz de vuelo
tomó mi cuerpo, trompo de ceniza,
sobre sus muslos, ríos escapándose

alongside my dishonored faith.
Beyond the doubt,
my heart remained in a dampened voice
tempered in the air, deaf and mute,
with the deafness of a sea that just about screams,
with the deafness
of a fugacious perishing condition,
unabashed sounds
that have given my body
the visionary love and blind tenderness
of time child of desire that rolls.

Time child with the voice of flight
took all the flowers of the blood.
The trampled rose under the black horse
lifted its rent petals
and spins with eyes of delirium
reposed and eternal.
The sockets plucked from its voice
are petals spinning eternally.
All eternity is the dove
suspended from a line without an origin
and it chases its shadow
towards the depths, hidden
in the ruptured figure of the bodies,
all eternity is but a dove.

junto a mi fe burlada.
Más allá de la duda,
quedó mi corazón en voz de queda
afianzado en el aire, sordo y mudo,
con sordera de mar que apenas grita,
con sordera
de fugaz condición perecedera,
sonidos deslenguados
que le han dado a mi cuerpo
el visionario amor y la ternura ciega
del tiempo niño del afán que rueda.

El tiempo niño de la voz de vuelo
tomó todas las flores de la sangre.
La rosa pisoteada bajo el caballo negro
alzó sus rotos pétalos
y gira con los ojos delirantes
reposada y eterna.
Las cuencas deshojadas de su voz
son pétalos girando eternamente.
Toda la eternidad es la paloma
suspendida de un hilo sin principio
y persigue su sombra
hacia el fondo, escondida
en la rota figura de los cuerpos,
toda la eternidad una paloma.

Time child with the voice of flight
wanted to leave its wind and hold off,
forsook my hand in his haste.
Now, and without warmth, from a distance,
the swift bouquet of his pulse
is a single and forlorn flower
of some disconsolate spring.

A fine wind plays sweetly
a somnolent flute of the days;
the poplars have gone green, the wind,
and here my heart, alongside them.

All eternity is but a dove
suspended from a line without an origin,
all eternity is not enough
for the heart for its futile flight,
it no longer measures the hurdles
if doing so serves to limit its hope.

A star that weeps its mirror-like loneliness,
a handful of trembling feathers,
thus my heart, the wind comes
to sleep through the nights in that hollow.
My heart felled mirror of the night
is the illuminated rib of Adam;

El tiempo niño de la voz de vuelo
quiso dejar su viento y detenerse,
abandonó mi mano en su carrera.
Ahora, y sin calor, a la distancia,
la manzana veloz de su latido
es una sola y desprendida flor
de una desconsolada primavera.

Un fino viento toca dulcemente
adormecida flauta de los días;
reverdecen los álamos, el viento,
y aquí mi corazón, junto con ellos.

Toda la eternidad una paloma
suspendida de un hilo sin principio,
toda la eternidad ya no le basta
al corazón para su inútil vuelo,
ya no mide los muros
si es para limitar sus esperanzas.

Una estrella que llora su soledad de espejo,
un puñado de plumas temblorosas,
así mi corazón, el viento llega
a dormir por las noches en su cuenca.
Mi corazón espejo caído de la noche
es costilla de Adán iluminada;

it has found the place of its side
and gleans the senses to the root of your name.
All eternity ensconced
and the hollow of your veins my abode.

All eternity in the minute
gesture of your gait;
the fruit of your voice is my sustenance
and my whole figure ripped to shreds
is crushed flower, open spring
that on the eager earth of your name
drinks from its leafs a rain of fire.

All my eternity ensconced
and the hollow of your veins my abode.

Because love is the pain of the wind,
a whole wind of tears stifle me
in a smoldering cry;
because love is the song of the wind
that in some exorbitant swirl
shows its heart of dust and fire;
because my heart is the wounded
pathway of your gait
that flourishes in the fire of your wind,
and my song your breath that flourishes
in a rejoiced swirl of fire.

ha encontrado el lugar de su costado
y espiga los sentidos en raíz de tu nombre.
Toda la eternidad aposentada
y el hueco de tus venas mi aposento.

Toda la eternidad en el pequeño
ademán de tu paso;
la fruta de tu voz es mi alimento
y toda mi figura desgarrada
es rota flor, abierta primavera
que en la tierra angustiosa de tu nombre
bebe desde sus hojas una lluvia de fuego.

Toda mi eternidad aposentada
y el hueco de tus venas mi aposento.

Porque el amor es el dolor del viento,
todo un viento de llanto se me ahoga
en ardoroso grito;
porque el amor es el cantar del viento
que en un desorbitado remolino
muestra su corazón de polvo y fuego;
porque mi corazón es el sendero
herido de tu paso
que florece en el fuego de tu viento,
y mi canto tu aliento que florece
en un regocijado remolino de fuego.

In some wind of vines solitude
is defoliated from all the roads
this dream is a forlorn dream
with roots of humility
and the strength of a living tree,
and this dream is the shadow that perishes
with the first morning star.

En un viento de vides se deshoja
la soledad de todos los caminos
este sueño es un sueño desprendido
con raíz de humildad
y fuerza de árbol vivo,
y este sueño es la sombra que se muere
con la primera estrella matutina.

NOTA DEL TRADUCTOR

La inspiración para esta traducción proviene de un lugar muy especial: nuestra poeta, Dolores Castro, nació en uno de los más hermosos estados coloniales de México: Aguascalientes. Una tierra de abundancia: arquitectura barroca, campos de agave, pulque, pan de semita, catedrales y santuarios, viñedos y bodegas, arboledas de higos, granadas, albaricoques y guayabas. Es la ciudad de mi infancia, del nacimiento de mi madre y la de mis antepasados.

La fundación de su capital, también Aguascalientes, fue constituida por Felipe II de España en el año 1575. Su nombre completo, de acuerdo con lo establecido en la Real Audiencia y Cancillería de Guadalaxara (la Real Audiencia de Nueva Galicia), era Villa de Nuestra Señora de la Asunción de las Aguas Calientes. Las aguas termales, que son abundantes en la zona, le dan a la ciudad su nombre. La historia de esta provincia neo-gallega, se deriva de una pintoresca leyenda: su *transfiguración* a estado surgió como parte de un acuerdo de diversión cortesana, la cual implicaba el intercambio expiatorio de un beso entre el entonces Presidente de México, Antonio López de Santa Anna, y la gran dama de la sociedad hidrocálida doña Luisa Fernández Villa de García Rojas.

Igual de rica y compleja como la tierra de su procedencia, la consumada habilidad y magistral artificio con los que Castro convierte las nociones más abstractas y polifacéticas en imágenes nítidas son indiscutibles. Su sensibilidad poética, como la arquitectura barroca de Aguascalientes y Zacatecas, le permite articular ricos y variados caminos aún dentro de los obvios y recónditos espacios de la sintaxis y la ortografía. La intencional omisión o inclusión de apéndices gramaticales resultan en la creación de universos múltiples y una plétora de posibilidades interpretativas. Como traductor, uno sólo puede elegir un camino. Sin embargo, al igual que Castro declara en su preámbulo que "la verdad más íntima queda en los poemas que pierden la posesión del autor en cuanto se publican", creo que sucede lo mismo con las traducciones. Este año nuestra poeta celebrará 90 años de vida y espero, como el primer traductor de su obra al inglés, exhibir este, *su* primer trabajo, en la mayor opulencia posible, como lo merece.

Francisco Macías Valdés

TRANSLATOR'S NOTE

The musing for this translation comes from a very special place: our poet, Dolores Castro, was born in one of Mexico's most beautiful and colonial states—Aguascalientes. It is a land of plenty: baroque architecture, fields of agave, *pulque*, *pan de semita*, cathedrals and shrines, vineyards and wineries, and groves of figs, pomegranates, apricots, and guavas. It is the city of my childhood, my mother's birthplace and that of my ancestors.

The founding of its capital, also Aguascalientes, was chartered by Philip II of Spain in 1575. Its full name, as established at the Royal *Audiencia* and Chancery of Guadalaxara (aka the Royal *Audiencia* of New Galicia), was *Villa de Nuestra Señora de la Asunción de las Aguas Calientes*. The hot springs, which are many in the area, give the city and the state their name. The history of this Neo-Galician state stems from a quaint legend: its *transfiguration* into statehood was part of an arrangement conceived from a courtly diversion, which involved the sacrificial exchange of a kiss between the then Mexican President, Antonio López de Santa Anna, and the granddame of *Hidrocálido* society, Doña Luisa Fernández Villa de García Rojas.

Just as rich and complex as the land of her provenance, the consummate skill and masterly artifice with which Castro takes the most abstract and multifaceted notions and brings them into clear-cut imagery is undisputable. Her poetic sensibility, just as the baroque architecture of Aguascalientes and Zacatecas, enabled her to articulate rich and varied pathways within the obvious yet recondite spaces of syntax and orthography. The intentional omission or inclusion of grammatical appendages resulted in the creation of multiple universes and a plethora of interpretational possibilities. As a translator, one can only choose one path. But as Castro states in her foreword "the most intimate truth remains in the poems that are gone from the possession of the author the moment they are published," I believe it is the same with translations. This year our poet will celebrate 90 years of life. And it is my hope as the first translator of her work into English to showcase this, *her* first work, in the greatest opulence—as it deserves.

Francisco Macías Valdés

COLABORADORES

COLLABORATORS

Dolores Castro (Aguascalientes, Ags., Méx. 1923) es poeta, narradora, ensayista y crítica literaria. Estudió Leyes y Literatura en la Universidad Nacional Autónoma de México. Posteriormente hizo sus estudios de posgrado en la Universidad Complutense de Madrid. Formó parte del grupo Ocho Poetas Mexicanos, integrado por Alejandro Avilés, Roberto Cabral del Hoyo, Javier Peñalosa, Ignacio Margaloni, Efrén Hernández, Octavio Novaro y Rosario Castellanos. Ha publicado los siguientes poemarios: *El corazón transfigurado*(1949), *Dos nocturnos* (1952), *Siete poemas* (1952), *La tierra está sonando* (1959), *Cantares de vela* (1960), *Soles* (1977), *Qué es lo vivido* (1980), *Las palabras* (1990), *Poemas inéditos* (1990), *No es el amor el vuelo* (1995), *Tornasol* (1997), *Sonar en el silencio* (2000), *Oleajes* (2003), *Íntimos huéspedes* (2004), *Algo le duele al aire* (2011). En 1962 publicó su única novela, *La ciudad y el viento*.

Dolores Castro (Aguascalientes, Aguascalientes, Mexico 1923) is a poet, storyteller, essayist, and literary critic. She studied Law and Literature at the *Universidad Nacional Autónoma de México* [National Autonomous University of Mexico]. Later she attended the *Universidad Complutense* of Madrid for her graduate studies. She was an integral part of the *Ocho Poetas Mexicanos* group, which comprised Alejandro Avilés, Roberto Cabral del Hoyo, Javier Peñalosa, Ignacio Margaloni, Efrén Hernández, Octavio Novaro, and Rosario Castellanos. She has published the following poetry books: *El corazón transfigurado*(1949); *Dos nocturnos* (1952); *Siete poemas* (1952); *La tierra está sonando* (1959); *Cantares de vela* (1960), *Soles* (1977); *Qué es lo vivido* (1980); *Las palabras* (1990; *Poemas inéditos* (1990); *No es el amor el vuelo* (1995); *Tornasol* (1997); *Sonar en el silencio* (2000); *Oleajes* (2003); *Íntimos huéspedes* (2004); and *Algo le duele al aire* (2011). In 1962, she published her only novel, *La ciudad y el viento*.

 **Alessandra Luiselli** nació en la ciudad de México. Es egresada de la Universidad Nacional Autónoma de México (UNAM) y completó sus estudios doctorales en la Universidad de Nuevo México. Es autora de un estudio monográfico sobre *el Primero Sueño* de Sor Juana Inés de la Cruz, así como de numerosos artículos sobre la gran monja virreinal y sobre escritores mexicanos contemporáneos. Su libro *Letras mexicanas*, publicado por la UNAM (2006), estudia la obra de autores como Rosario Castellanos, Elena Garro, Elena Poniatowska y Octavio Paz, entre otros. Luiselli ha publicado en revistas académicas de los Estados Unidos, México, España y Colombia. Su segundo libro sobre Sor Juana, *Melusina transfigurada. Siete calas a Sir Juana*, será publicado en el 2013. Actualmente es Profesora Asociada en Texas A&M University.

Alessandra Luiselli was born in Mexico City. She is a graduate of the *Universidad Nacional Autónoma de México (UNAM)* [National Autonomous University of Mexico]; and she completed her doctoral studies at the University of New Mexico. She is the author of a treatise on Sor Juana Inés de la Cruz's *Primero Sueño*, as well as of numerous articles on the great viceroyal nun and on contemporary Mexican writers. Her book *Letras mexicanas*, published by UNAM (2006), analyzes the work of authors such as Rosario Castellanos, Elena Garro, Elena Poniatowska, and Octavio Paz, among others. Luiselli's work has been included in academic journals of the United States, Mexico, Spain, and Colombia. Her second book on Sor Juana, *Melusina transfiguradas. Siete calas a Sir Juana*, will be published in 2013. At present, she is an Associate Professor at Texas A&M University.

 **Francisco Macías**, estadounidense nacido en México, reside actualmente en Fredericksburg, Virginia, y trabaja en la Biblioteca del Congreso [Library of Congress] en Washington, D. C. Ha servido a la biblioteca como Analista Titular de Información Jurídica desde el 2007. Es uno de los columnistas regulares de la bitácora oficial de la Biblioteca Jurídica del Congreso *In Custodia Legis*. En el año 2010, fue panelista invitado en un taller regional andino patrocinado por el Banco Interamericano de Desarrollo (BID), la Organización de Estados Americanos (OEA), el Honorable Congreso de la República del Perú y el Fondo Fiduciario Italiano para Tecnologías de la Información y la Comunicación para el Desarrollo. En el año 2012, para la promoción de las actividades anuales de la Feria Nacional del Libro estadounidense, entrevistó a la escritora Sandra Cisneros y al artista Rafael López—en español y en inglés—. Actualmente también es presidente de la Sociedad Cultural Hispana de la Biblioteca del Congreso y becario del Programa de Desarrollo de Liderazgo de la misma institución. Antes de ingresar a la Biblioteca del Congreso, tuvo una ecléctica variedad de puestos de trabajo, siempre relacionados con la filología y la pedagogía española. Dos de sus traducciones han sido publicadas: *From Cross and Crescent Moon* de Elvia Ardalani y *Selected Poems of César Antonio Molina* por César Antonio Molina. Fue también editor-coordinador de un proyecto conjunto entre la Fundación Cultural Miguel Hernández y la editorial de la Universidad de Texas-Pan Americana: una colección conmemorativa de ensayos académicos en torno al centenario del poeta y dramaturgo español Miguel Hernández titulada: *Miguel Hernández desde América* editada por Aitor L. Larrabide y Elvia Ardalani. Otros libros traducidos por él de inminente publicación incluyen *El corazón transfigurado* de Dolores Castro y *El ser de los enseres* de Elvia Ardalani. Su trabajo ha sido publicado en la prestigiada revista *Words without Borders*, donde recientemente aparecieron sus traducciones de un poema y un relato, respectivamente, del escritor gallego-español César Antonio Molina titulados *Limones amargos/Bitter Lemons* y *Cruzando puentes/Crossing Bridges*. Francisco cuenta con una licenciatura en Letras Españolas de la Universidad de Texas en Brownsville y una segunda especialización en Letras Inglesas. Fue el primer egresado de esa institución en obtener un certificado de *biletrado*, lo que atestigua a su amplio dominio del registro y el discurso en ambos idiomas. Es miembro de la Sociedad Honoraria Sigma Delta Pi. Tiene una Maestría en Artes y

Literatura Inglesa de la Universidad del Estado de Colorado en Fort Collins. Su tesis de posgrado analiza *Tirant lo Blanch* de Joanot Martorell, una novela valenciana de caballería del siglo 15^a. Luego de completar sus estudios de posgrado en el estado de Colorado, asistió a la Universidad Católica de América durante un año donde cursó estudios doctorales en Letras Españolas.

Francisco Macías, a Mexican-born American, currently resides in Fredericksburg, Virginia and works at the Library of Congress in Washington, D.C. He has served the Library as a Senior Legal Information Analyst since 2007. He is a regular blogger for *In Custodia Legis*, the official blog of the Law Library of Congress. In 2010, he was a guest panelist in an Andean regional workshop—hosted by the Inter-American Development Bank (IDB), the Organization of American States (OAS), the Honorable Congress of the Republic of Peru and the Italian Trust Fund for Information and Communication Technology for Development. In 2012, for the promotional activities of the annual National Book Festival, he interviewed the writer Sandra Cisneros and the artist Rafael López— in Spanish and English. He is also currently the president of the Library of Congress Hispanic Cultural Society and a fellow of the Library of Congress Leadership Development Program. Before joining the Library of Congress, he held an eclectic array of jobs, all of which involved aspects of Spanish philology and pedagogy. Two of his translations have been published: *De cruz y media luna/From Cross and Crescent Moon* by Elvia Ardalani and *Selected Poems of César Antonio Molina* by César Antonio Molina. He also served as the coordinating editor for a joint project between the Miguel Hernández Foundation and the University of Texas-Pan American Press: a centennial anniversary edition of academic essays commemorating the work of Spanish poet and playwright Miguel Hernández titled *Miguel Hernández desde América* by editors Aitor L. Larrabide and Elvia Ardalani. His forthcoming work includes *The Transfigured Heart* by Dolores Castro and *The Being of the Household Beings* by Elvia Ardalani. His work has appeared in the prestigious journal *Words without Borders*, where recently his translation of a poem and a prose piece, respectively, by the Galician-Spanish writer Cesar Antonio Molina titled *Crossing Bridges* and *Bitter lemons* were published. Francisco holds a Bachelor of Arts in Spanish with a minor in English from the University of Texas at Brownsville. He was the first to receive a bi-literacy certification from that institution, attesting to his balanced and equal command of the formal register of both English and Spanish. He is a member of the Sigma Delta Pi Honor Society. He holds a Master of Arts in English Literature from Colorado State

University at Fort Collins. His thesis analyzes *Tirant lo Blanch* by Joanot Martorell, a 15th century Valencian mock chivalric romance. After completing his graduate studies at Colorado State, he attended the Catholic University of America for a year of graduate-level studies in Spanish Literature.

El corazón transfigurado/The Transfigured Heart –edición rústica- fue impreso sobre papel crema de 60 gramos. Para su composición se utilizaron tipos de la familia Garamond y Trebuchet. El cuidado de la edición estuvo a cargo de **Libros Medio Siglo.** La dirección editorial fue de Elvia Ardalani. La edición de la traducción fue realizada por Victoria Contreras.

www.ingramcontent.com/pod-product-compliance
Lightning Source LLC
Chambersburg PA
CBHW051702040426
42446CB00009B/1259